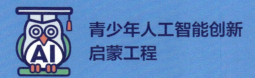

青少年人工智能创新启蒙工程

物联网大世界

万物互联 第9册

方海光 郑志宏 | 总主编
陕昌群 张莉 高桂林 | 主编

人民邮电出版社
北京

图书在版编目（CIP）数据

物联网大世界：万物互联 / 方海光，郑志宏总主编；陕昌群，张莉，高桂林主编. -- 北京：人民邮电出版社，2024. --（青少年人工智能创新启蒙工程）. -- ISBN 978-7-115-65024-5

Ⅰ. G624.583

中国国家版本馆 CIP 数据核字第 2024MV4497 号

内 容 提 要

本书是专为小学高年级学生设计的人工智能科普图书，旨在通过一系列实践活动和跨学科主题，引导学生走进物联网的世界，培养他们的创新思维和实践能力。全书共分为 4 个单元，通过介绍物联网领域的发展，并结合 Python 等编程语言，引导学生深入理解物联网的基本原理、关键技术和应用，掌握物联网应用开发和实验设计的方法，为他们未来在物联网领域的发展奠定坚实的基础。本书适合小学高年级的学生阅读。

◆ 总 主 编 方海光 郑志宏
主 编 陕昌群 张 莉 高桂林
责任编辑 王 芳
责任印制 马振武

◆ 人民邮电出版社出版发行 北京市丰台区成寿寺路 11 号
邮编 100164 电子邮件 315@ptpress.com.cn
网址 https://www.ptpress.com.cn
北京建宏印刷有限公司印刷

◆ 开本：787×1092 1/16
印张：5.5 2024 年 9 月第 1 版
字数：62 千字 2025 年 4 月北京第 3 次印刷

定价：30.00 元

读者服务热线：(010)53913866 印装质量热线：(010)81055316
反盗版热线：(010)81055315

专家委员会

安晓红	边 琦	蔡 春	蔡 可	柴明一	陈 梅	陈 鹏	
杜 斌	傅树京	郭君红	郝智新	黄荣怀	金 文	康 铭	
李 锋	李怀忠	李会然	李 磊	李 猛	刘建琦	马 涛	
陕昌群	石群雄	苏 宁	田 露	万海鹏	王海燕	武佩峰	
武瑞军	武 装	薛海平	薛瑞玲	张 蓓	张 鸽	张景中	
张 莉	张 爽	张 硕	周利江	朱永海			

编委会

白博林	鲍 彬	边秋文	卞 丽	曹福来	曹 宇	崔子千
戴金芮	邓 洋	董传新	杜 斌	方海光	高桂林	高嘉轩
高 洁	郭皓迪	郝佳欣	郝 君	洪 心	侯晓燕	胡 泓
黄颖文惠	季茂生	姜 麟	姜志恒	焦玉明	金慧莉	康亚男
孔新梅	李福祥	李 刚	李海东	李会然	李 炯	李 萌
李 婷	李 伟	李泽宇	栗 秀	梁栋英	刘慧薇	刘 娜
刘晓烨	刘学刚	刘振翠	卢康涵	吕均瑶	马 飞	马小勇
满文琪	苗兰涛	聂星雪	裴少霞	彭绍航	彭玉兵	任 琳
陕昌群	单楷罡	尚积平	师 科	石 磊	石群雄	舒丽丽
唐 森	陶 静	田 露	田迎春	涂海洋	万 晶	汪乐乐
王彩琴	王丹丹	王 健	王 青	王秋晨	王显闯	王晓雷
王馨笛	王雁雯	王 雨	魏嘉晖	魏鑫格	瓮子江	吴 昊
吴 丽	吴 俣	武佩峰	武 欣	武 艺	相 卓	肖 明
燕 梅	杨琳玲	杨青泉	杨玉婷	姚凯珩	叶宇翔	殷 玥
于丽楠	袁加欣	曾月莹	张 东	张国立	张海涛	张 慧
张京善	张 柯	张 莉	张明飞	张晓敏	张 旭	张 禹
张智雄	张子红	赵 芳	赵 森	赵 山	赵 昕	赵 悦
郑长宏	郑志宏	周建强	周金环	周 敏	周 颖	朱庆煊
朱婷婷						

总 序

在当今信息技术迅猛发展的背景下，人工智能（AI）已成为推动社会进步的关键力量。向小学生普及人工智能相关知识，培养适应未来社会的创新人才，是新时代人工智能发展的必然要求。

本套书致力于开展人工智能普及教育，重点培养小学生的逻辑思维、批判精神和问题解决能力，引导小学生掌握人工智能基本知识、认识人工智能在信息社会中愈发重要的作用、运用人工智能技术解决生活与学习中的问题。通过本套书的学习，学生能够获得人工智能的基本知识、技能、应用能力，在运用人工智能技术解决实际问题的过程中，成长为具有良好的信息意识、计算思维、创新能力以及社会责任感的公民。

本套书的学习内容均来自真实的生活场景，以问题引入，以活动贯穿，运用生动活泼、贴近生活的案例进行概念阐述。其中，每单元的开篇设置生动的单元情景、明确的单元主题、递进的学习目标、可供参考的学习工具，学生可以根据单元主题和学习目标合理安排学习进度，设定预期的学习效果。

同时，本套书还注重结合小学生的学习特点，避免了单纯的知识传授与理论灌输。本套书在编写过程中围绕学生在学校、家庭、社会中的所见所闻展开学习活动，采用体验式学习、项目式学习与探究性学习的形式，在阐述概念和理论的基础上，提升学生的学习兴趣，加强学生对人工智能的理解。

本套书共十二册，内容由浅入深，从基础逻辑知识，到数据和算法，最后到物联网和开源鸿蒙，每册都有不同的主题。本套书要求学生亲自动手完成书中的活动，让学生感受人工智能技术给人们生活带来的美好。

本套书得以完成，十分感谢来自北京、沈阳、成都等不同地区的学科专家和一线教师，他们具有丰富的教育教学经验，部分内容经过了多轮教学实践，从而保证了内容的实用性和科学性。特别感谢专家委员会的倾力指导，专家们对本套书的内容选择、展现形式、学习方式等都提出了很多宝贵的建议，极大提高了本套书的内容质量。

囿于作者能力，本套书难免存在不完善之处，敬请广大读者批评指正。

总主编　方海光

前 言

随着科技的发展与进步，人工智能技术已经逐步渗透我们生活的各个方面，物联网的出现使我们的生活变得更智能、更奇妙。一方面，物联网为人工智能的应用提供了数据支撑；另一方面，物联网与人工智能的紧密结合，推动了人工智能应用的普及、深化、个性化、精准化。

本书将带领同学们踏上探索物联网之旅，学习物联网基础知识、利用物联网技术解决实际问题、了解物联网数据安全等，并在学习和实践的过程中，了解人工智能技术的原理；帮助同学们掌握人工智能领域的相关知识和技术，探索人工智能技术改变未来世界的可能性，为同学们未来在物联网领域的发展奠定坚实的基础。

本书共设置了4个单元，每个单元共4课，全书共16课。4个单元主题分别为万物互联——从互联网到物联网、智能新风——物联网基本原理、机器感官——物联网智能实现、智慧城市——物联网实验设计。4个单元从智能应用、智能原理、智能实现到未来愿景，与学生生活紧密结合，通过介绍生动、有趣的案例和开展实验活动，带领同学们走进智慧殿堂，领略物联网改变生活的奇妙之处，让同学们在有趣、愉悦的学习中，获取打开智能世界大门的钥匙。

在阅读本书的过程中，同学们会惊喜地发现，在智能家居、智能出行、智能制造等领域，物联网和人工智能技术得到了广泛应用；同学们还会发现，在家里、校园中、大街上，物联网应用无处不在。物联网让我们的生活变得更舒适、更惬意、更便捷！

本书汇集了在探索人工智能教育方面卓有成效的专家、人工智能基础教育研究团队、中小学人工智能教学名师等的工作经验，编者们立足学生生活实际，着眼拔尖人才培养，编写了本书，希望本书对同学们的创新思维培养和数字素养提升有所帮助。

　　物联网是智能时代发展的重要标志。掌握物联网知识，探究物联世界，就是为自己打开看向未来的智能天窗，天窗外将展现充满智能、充满梦幻、变化莫测的奇妙世界。

　　未来，将因物联网而更加精彩；未来，将因物联网而更加美妙……

　　同学们，你们准备好了吗？让我们开始愉快的物联网探索之旅吧！

主编　张莉
2024年7月

目 录

第1单元
万物互联——从互联网到物联网 10

第1课　智能生活——发现互联网与物联网的异同 12
第2课　智慧家居——了解身边的物联网应用 16
第3课　物联奥秘——浅析物联网智能化原因 19
第4课　畅想未来——关注物联网技术融合发展 23

单元总结 26

第2单元
智能新风——物联网基本原理 27

第1课　了解身边的空气——探究物联网感知层 29
第2课　传输数据的翅膀——运用物联网网络层 32
第3课　操作控制的界面——设计物联网应用层 37
第4课　智慧呼吸教室——物联网项目创新实践 40

单元总结 45

第3单元

机器感官——物联网智能实现 46

- 第1课　智能猜拳机器人——了解智能手势识别技术 48
- 第2课　智能垃圾分类——了解智能语音识别技术 54
- 第3课　智能表情识别——了解人脸识别技术 59
- 第4课　校园小导游机器人——了解智能机器人 62

单元总结 67

第4单元

智慧城市——物联网实验设计 68

- 第1课　初试规划——"智慧城市"之我见 70
- 第2课　交通"智"管——城市畅通智慧行 73
- 第3课　能源"慧"控——绿色低碳我出力 79
- 第4课　无限创想——"智慧城市"向未来 83

单元总结 86

第1单元
万物互联——从互联网到物联网

单元情景

互联网和物联网已渗透人类社会的每个角落，使人们生活变得智能化且充满奇趣。智能路灯、无人农场、可以远程控制的家电等，都是智慧生活的写照，也许在不久的将来，我们会生活在图1.1所示的未来智慧城市中。在本单元同学们将踏上探索之旅，学习物联网的基础知识，并思考如何利用互联网和物联网改变生活。

图1.1 未来智慧城市

单元主题

同学们来到了一个万物互联的世界，在完成每课的活动时，请同学们思考未来的城市是什么样子的，互联网和物联网起到了什么作用，互联网和物联网各自有什么特点。

我的智能学习目标

1. 了解互联网和物联网的基本概念。
2. 了解物联网与互联网之间的区别。
3. 了解物联网的特征。
4. 了解物联网的简单应用。
5. 简单了解物联网智能化的原理。
6. 了解物联网的未来发展趋势和潜在影响。

我的智能学习工具

硬件准备：可以连接互联网的计算机、智能音箱等。

软件准备：思维导图绘制软件（可选）。

物联网大世界：万物互联

第1课　智能生活——发现互联网与物联网的异同

我的智能生活

科技飞速发展，我们踏入了一个智慧时代。我们一起探索物联网是如何改变我们的生活的，探索它与互联网的不同之处吧！

我的智能活动计划

本节课我们会了解互联网和物联网之间的异同，对物联网有初步的认识，同学们可以参考图1.2所示的流程来开展本节课的学习。

图1.2　智能活动计划

我的智能学习

互联网的基本概念：互联网是一个全球性的网络，由许多计算机网络相互连接而成，使得人们可以共享和交换信息。

物联网的基本概念：物联网指的是通过信息传感设备将互联网与物品连接，实现物品间的信息交换，对物品进行信息传感、识别、定位、跟踪、监控和管理的一种网络。

物联网与互联网的区别：物联网强调物品之间的连接和信息交换，而互联网则主要关注人与人之间的信息交换。可以从它们的应用范围、通信方式、数据处理方式等多个方面进行比较。

第1单元 万物互联——从互联网到物联网

我的智能探索

一、分组讨论与场景模拟

请同学们分组讨论可能遇到的互联网和物联网应用场景。每个小组可以选择一个场景进行模拟,采用角色扮演和互动演示的方式,展示互联网和物联网的特点,并记录在表1.1中。

表1.1 我的活动记录

活动记录(第一组)	
互联网	特点:1. 2. 3.
物联网	特点:1. 2. 3.

二、绘制思维导图

了解了互联网和物联网的应用场景后,请同学们绘制思维导图,其样例如图1.3所示。同学们可以通过分析互联网和物联网的特点,找到它们之间的共同点和不同点,也可以从其他方面分析两者的异同点。

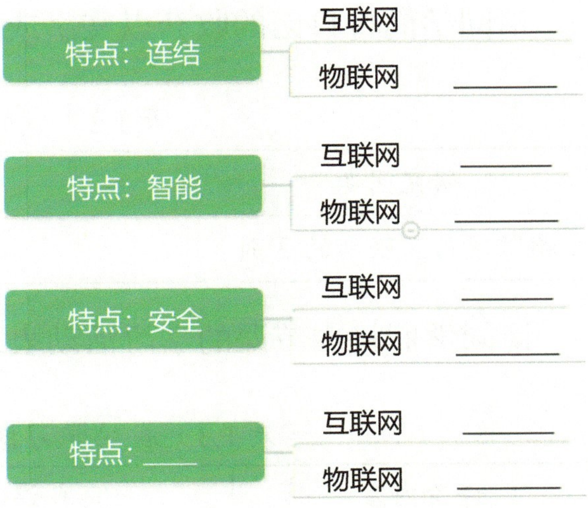

特点:连结 — 互联网 ___ / 物联网 ___

特点:智能 — 互联网 ___ / 物联网 ___

特点:安全 — 互联网 ___ / 物联网 ___

特点:___ — 互联网 ___ / 物联网 ___

图1.3 思维导图样例

三、探索发现

请同学们搜集生活中常见的物联网设备,如图1.4所示的智能音箱，尝试了解其工作原理。

图1.4　智能音箱

我的智能成果

请同学们将自己的收获以文字或图片的形式记录在表1.2中。

表1.2　我的收获

研究问题	我的收获
物联网与互联网的区别	

请同学们将本节课的学习活动表现评价记录在表1.3中。

表1.3　我的学习活动表现评价

评价内容	自我评价	组长评价
绘制思维导图	☆☆☆☆☆	☆☆☆☆☆
分享交流	☆☆☆☆☆	☆☆☆☆☆

我的智能视野

回顾本节课的学习内容,请同学们思考物联网技术在未来可能拓展出的应用领域,并将其记录在表1.4中。

表1.4 我对未来的思考

研究问题	物联网在_____的应用
研究过程	
研究收获	

物联网大世界：万物互联

第2课　智慧家居——了解身边的物联网应用

我的智能生活

当你踏入家门，迎接你的是自动亮起的温馨灯光、自行拉开的智能窗帘，而电视则听从你的语音指令，即刻开始播放节目。这些充满"魔力"的智慧家居，如图1.5所示，正悄无声息地让我们的日常生活变得更加便捷。那么，它们是如何变得如此智慧与贴心的呢？接下来，就让我们一起探索其中的奥秘吧！

图1.5　智慧家居

我的智能活动计划

本节课我们会了解物联网的特征，同学们可以参考图1.6所示的流程来开展本节课的学习。

图1.6　智能活动计划

第1单元　万物互联——从互联网到物联网

我的智能学习

物联网的三大主要特征是整体感知、可靠传输和智能处理。物联网能够利用射频识别、传感器、二维码等多种技术手段，随时随地获取物体的信息；物联网通过各种电信网络与互联网的融合，能将物体的信息实时、准确地传递出去；物联网基于云计算、模糊识别、数据融合等多种智能计算技术，能对海量数据和信息进行分析处理，实现监测与控制的智能化。

我的智能探索

一、分组讨论物联网的特征

1. 4个人一组，找一找身边的物联网应用，并结合实例讨论物联网的特征。

2. 每组选出一名代表，汇报讨论结果。

二、绘制思维导图

1. 根据讨论结果，请同学们使用思维导图绘制软件绘制关于物联网特征的思维导图。

2. 思维导图应包含物联网的主要特征。

3. 发挥自己的创意，设计出独具特色的思维导图。

三、分享交流

1. 每组分别展示本组的思维导图，并解释其中的内容和设计思路。

2. 其他小组可以提问或提出自己的见解，同学们共同交流学习。

3. 各组互相点评思维导图，指出各组思维导图的优点和不足，并提出改进建议。

物联网大世界：万物互联

我的智能成果

请同学们将自己的收获以文字或图片的形式记录在表1.5中。

表1.5 我的收获

研究问题	我的收获
物联网的特征	

请同学们将本节课的学习活动表现评价记录在表1.6中。

表1.6 我的学习活动表现评价

评价内容	自我评价	组长评价
分组讨论物联网的特征	☆☆☆☆☆	☆☆☆☆☆
绘制思维导图	☆☆☆☆☆	☆☆☆☆☆
表述能力	☆☆☆☆☆	☆☆☆☆☆

我的智能视野

物联网技术的应用不局限于智能家居、智能出行等领域，还可以应用于农业、医疗、环保等众多领域中，如农业物联网、远程医疗、健康管理和水资源管理等。

第1单元 万物互联——从互联网到物联网

第3课 物联奥秘——浅析物联网智能化原因

我的智能生活

智慧医院可以为我们提供个性化的诊疗方案；智能汽车能让我们出行更加方便；智能工厂可以实现设备的自动化管理，提高生产质量和效率。智慧生活的示意图如图1.7所示。一起来探索物联网带给我们的美好生活吧！

图1.7 智慧生活

我的智能活动计划

在本节课中，我们会了解物联网智能化的原因，同学们可以参考图1.8所示的流程来开展本节课的学习。

图1.8 智能活动计划

我的智能学习

物联网智能化涵盖了感知智能化、网络通信智能化、数据处理与

物联网大世界：万物互联

分析智能化、决策智能化等多个方面。感知智能化基于高精度传感器、智能识别技术等；网络通信智能化基于自适应网络、网络切片等；数据处理与分析智能化基于边缘计算、流处理与批处理等；决策智能化基于机器学习、自动化控制等。这些技术为物联网智能化提供了基础。

我的智能探索

一、分组讨论物联网在不同领域中的应用

请同学们自行分组，每组选择一个具体案例，探讨物联网在该案例中的应用及其工作方式。每组均需要收集相关资料，将观察到的智能现象及分析记录在表1.7中，并将其分享给同学们。

表1.7 我的活动记录表1

项目名称	观察到的智能现象	物联网的应用及其工作方式

二、探索物联网的组成

智能路灯是城市智能化的重要组成部分，不仅提升了城市的照明效率，还提高了城市管理和公共服务的智能化水平。

请同学们分析智能路灯自动控制系统，并将其记录在表1.8中。

第1单元 万物互联——从互联网到物联网

表1.8 我的活动记录表2

组成部分	作用
光传感器	收集光线数据

三、探索物联网智能化的原因

根据以上学习内容，各组思考并讨论物联网智能化的原因，每组选出一名代表上台展示本组的分析过程、讨论结果，其他小组进行提问和补充。

我的智能成果

请同学们将自己的收获以文字或图片的形式记录在表1.9中。

表1.9 我的收获

研究问题	我的收获
物联网智能化的原因	

请同学们将本节课的学习活动表现评价记录在表1.10中。

表1.10 我的学习活动表现评价

评价内容	自我评价	组长评价
原因分析准确情况	☆☆☆☆☆	☆☆☆☆☆
表述能力	☆☆☆☆☆	☆☆☆☆☆

物联网大世界：万物互联

我的智能视野

物联网与人工智能技术结合有了智慧房屋，与云计算技术结合有了汽车智能系统，与大数据结合有了智慧穿戴产品的技术基础，物联网与各类技术都在融合，影响无处不在。

第4课　畅想未来——关注物联网技术融合发展

我的智能生活

未来的城市是一个智慧城市，交通、能源、环保、公共安全等各个领域都将实现智能化。同时，未来的城市也是一个高质量城市，生产效率和人们的生活品质都将大大提升。

我的智能活动计划

在本节课中，我们会通过分析实际案例了解物联网，同学们可以按照图1.9所示的流程来开展本节课的学习活动。

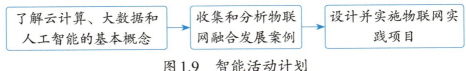

图1.9　智能活动计划

我的智能学习

1. 云计算是一种通过互联网提供计算资源和服务的技术。它允许用户随时随地访问和使用云平台上的数据、软件和硬件资源。

2. 大数据指的是所涉及的数据量巨大到无法通过主流软件或工具在合理时间内处理（存储和计算）的大而复杂的数据集。

3. 人工智能是研究、开发用于模拟、延伸和扩展人的智能的理论、方法、技术及应用系统的一门新的技术科学。

物联网大世界：万物互联

我的智能探索

一、物联网融合发展案例分析

请同学们收集和分析物联网在不同领域中融合发展的成功案例，并将其记录在表1.11中，了解物联网如何与其他技术相结合，实现创新应用。学习物联网融合发展的经验和策略，为未来的物联网应用提供参考。

表1.11　我的活动记录表1

项目名称	创新点	实现方式

二、物联网实践项目设计与实施

请同学们自行组建团队，设计并实施物联网实践项目，将项目实施过程中所遇到的问题、解决方案和项目的创新点记录在表1.12中。可以设计基于物联网的智慧家居系统、智慧环境监测系统、智慧农业管理系统等。

表1.12　我的活动记录表2

项目名称	所遇到的问题	解决方案	创新点

我的智能成果

请同学们将自己的收获以文字或图片的形式记录在表1.13中。

表1.13 我的收获

研究问题	我的收获
物联网如何与其他技术相结合	

请同学们将本节课的学习活动表现评价记录在表1.14中。

表1.14 我的学习活动表现评价

评价内容	自我评价	组长评价
项目创新性	☆☆☆☆☆	☆☆☆☆☆
项目可行性	☆☆☆☆☆	☆☆☆☆☆

我的智能视野

云计算为大数据和人工智能提供了强大的计算能力和存储能力；大数据是人工智能的基石，为机器学习等算法提供了海量的训练数据；而人工智能则利用大数据进行模型训练和优化，实现更智能的决策和预测。三者之间相互依存、相互促进，共同推动物联网技术的发展。

物联网大世界：万物互联

单元总结

我做了什么

通过学习本单元的内容，我们了解了互联网和物联网的差异，知道了物联网的特征，并通过案例分析，了解了物联网是如何与其他技术相结合的。

我学会了什么

今后在解决新问题时，可以参考从本单元学习到的解决问题的方法，让解决问题的过程更加科学和高效。

我的收获

我们在深入研究的过程中，我们的自主学习能力和探索新技术的能力都得到了提升。

第2单元
智能新风——物联网基本原理

单元情景

在寒冷的冬天,教室外北风呼啸,教室内书声琅琅。虽然教室的门窗紧闭,但是老师和同学们并没有觉得教室里面很闷。因为,这间会呼吸的教室,安装有最新的智能物联新风系统。随着科技的发展,物联网已经深入我们生活的各个方面。

单元主题

本单元聚焦物联网基本原理,以"会呼吸的教室"为项目,设计一套模拟的智能物联新风系统,帮助同学们了解物联网的基本概念、组成及工作原理,通过项目实践,提升同学们对物联网技术的认识和应用水平。

请同学们讨论并思考以下问题。

1. 物联网是什么?它由哪几部分构成?
2. 物联网是如何工作的?
3. 如何借助物联网解决生活中的实际问题?

我的智能学习目标

1. 理解物联网的基本概念、组成及工作原理。
2. 掌握物联网感知层、网络层和应用层的基本功能和作用。

3. 能够通过项目实践理解并掌握物联网在空气质量监测与控制中的应用。

4. 培养运用物联网技术解决实际问题的能力。

我的智能学习工具

硬件准备：计算机、主控板、空气质量传感器、路由器等。

软件准备：编程软件等。

第2单元 智能新风——物联网基本原理

第1课 了解身边的空气——探究物联网感知层

我的智能生活

同学们，你们知道空气主要包含哪些气体吗？如果同学们在门窗紧闭的教室里待上一段时间之后，教室内主要气体的浓度发生了怎样的变化呢？

我的智能活动计划

本节课，我们将了解空气的组成，了解物联网的定义，了解物联网感知层的功能并测量空气中二氧化碳的浓度。同学们可以参考图2.1所示的流程来开展本节课的学习。

图2.1 智能活动计划

我的智能学习

一、空气的组成

空气主要由氮气、氧气、稀有气体、二氧化碳及其他物质组合而成。

二、物联网的定义

物联网是一个万物互联的网络，物联网可以分为感知层、网络层和应用层3个层次。

三、物联网感知层的功能

物联网感知层能够通过各种传感器和数据采集设备获取现实世界的各种信息，如环境的温度、二氧化碳的浓度、光线的强弱、音量的大小等。

物联网大世界：万物互联

我的智能探索

一、探究空气含量的变化

同学们自行分组，每组4~6人，展开讨论：为什么门窗紧闭的教室会让人感到很闷，此时教室内的主要气体浓度发生了怎样的变化？

二、找到研究问题的关键

经过小组讨论，参考老师的建议，最终确定将二氧化碳气体浓度作为研究关键。

三、实践探究

测量空气中的二氧化碳浓度可以使用空气质量传感器ENS160（空气质量传感器检测的是二氧化碳当量浓度），请同学们参考图2.2连接主控板和传感器。

连接好硬件以后，同学们可参考图2.3中的样例编写程序。

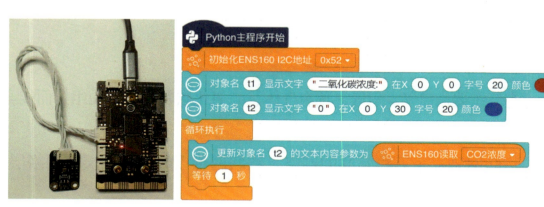

图2.2　硬件连接　　　　　　　图2.3　样例程序

请同学们完成编程后运行程序，并将你测到的二氧化碳浓数据分享给其他同学。

我的智能成果

请同学们将自己的收获以文字或图片的形式记录在表2.1中。

表2.1 我的收获

研究问题	我的收获
用传感器测量空气中某种气体的浓度	

请同学们将本节课的学习活动表现评价记录在表2.2中。

表2.2 我的学习活动表现评价

评价内容	自我评价	组长评价
操作实践	☆☆☆☆☆	☆☆☆☆☆
分享交流	☆☆☆☆☆	☆☆☆☆☆

我的智能视野

智能感知是人工智能和物联网的基础。感知层就像物联网的"五官和皮肤",负责识别外界物体和采集信息。它具有识别物体、采集信息、自动控制等功能。多样的传感器和识别设备不仅可以模拟人的视觉、听觉、触觉、嗅觉、味觉、平衡感等,还能采集人类难以获取的信息,成为智能时代的"千里眼""顺风耳"。

物联网大世界：万物互联

第2课 传输数据的翅膀——运用物联网网络层

我的智能生活

当检测到空气中气体浓度的数值后，智能物联新风系统将启动小风扇，可是设备之间如何传递气体浓度的数值呢？

我的智能活动计划

本节课我们将了解物联网网络层的定义和作用，将组建一个小型物联网，并编写程序。请同学们参考图2.4所示的流程来开展本节课的学习。

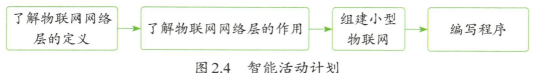

图2.4 智能活动计划

我的智能学习

一、物联网网络层的定义

网络层是物联网的第二层，它负责实现物联网设备之间的相互通信和数据传输。

二、物联网网络层的作用

物联网网络层的主要作用是管理网络中的数据通信，确保数据能够从源端安全可靠地传输到目的端。

我的智能探索

一、组建小型物联网

请同学们2人一组，用主控板、空气质量传感器、数据线和计算机组建一个小型物联网。

网络结构示意如图2.5所示。

图2.5　网络结构示意

二、编写程序

请同学们2人一组，编写程序，将测出的空气中的二氧化碳浓度数据传输到物联网平台上，其样例程序如图2.6所示。

物联网大世界：万物互联

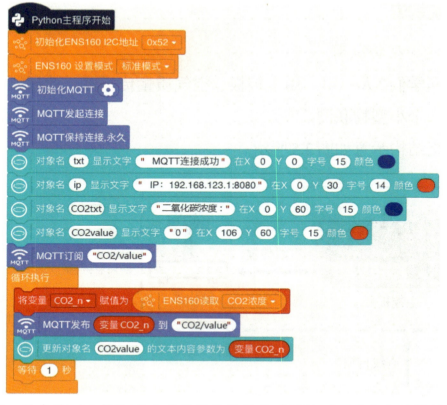

图2.6　动态监测二氧化碳浓度并将其数据发送到物联网平台上的样例程序

三、登录物联网平台查看数据

运行程序以后，保持主控板的运行状态。用计算机连接主控板上的网络。打开浏览器，在地址栏中输入物联网平台网址，登录物联网平台以后可以看到二氧化碳浓度数据的折线图和列表，列表如表2.3所示。

表2.3　物联网平台收集到的二氧化碳浓度列表

Topic	消息	时间
CO2/value	443	2024-04-28　19:56:06
CO2/value	474	2024-04-28　19:56:05
CO2/value	535	2024-04-28　19:56:04
CO2/value	813	2024-04-28　19:56:03

续表

Topic	消息	时间
CO2/value	886	2024-04-28 19:56:02
CO2/value	882	2024-04-28 19:56:01
CO2/value	867	2024-04-28 19:56:00
CO2/value	859	2024-04-28 19:55:59
CO2/value	839	2024-04-28 19:55:58
CO2/value	587	2024-04-28 19:55:57
CO2/value	447	2024-04-28 19:55:56

请同学们观察表2.3，说说你的发现。

我的智能成果

请同学们将自己的收获以文字或者图片的形式记录在表2.4中。

表2.4　我的收获

研究问题	我的收获
监测二氧化碳浓度并将其数据发布到物联网平台上	

请同学们将本节课的学习活动表现评价记录在表2.5中。

表2.5　我的学习活动表现评价

评价内容	自我评价	组长评价
操作实践	☆☆☆☆☆	☆☆☆☆☆
分享交流	☆☆☆☆☆	☆☆☆☆☆

我的智能视野

随着物联网日益广泛的应用，物联网传输的数据量不断增大，数

物联网大世界：万物互联

据安全问题也受到越来越多的关注。目前广泛采用了加密技术来保证数据安全。对称加密和非对称加密是两种常见的加密方法。

对称加密是一种采用单密钥的加密方法，同一个密钥可以同时用于信息的加密和解密，这种方法也被称为单密钥加密。

非对称加密采用一对密钥进行加密和解密操作，这两个密钥分别是公开密钥和私有密钥，这种加密方法也叫公钥加密。它解决了密钥的发布和管理问题。在这一加密体制中，没有公开的是私有密钥（简称"私钥"），公开的是公有密钥（简称"公钥"）。

第3课　操作控制的界面——设计物联网应用层

我的智能生活

如何让智能物联新风系统工作，使教室内空气保持清新呢？并且如何及时将数据呈现在屏幕上呢？

我的智能活动计划

为了让智能物联新风系统工作，还有以下问题值得思考。

第一，哪些数据可以作为判断信号，以及如何用这些关键数据启动智能物联新风系统？

第二，哪些信息需要在屏幕上显示，该如何排版？

为此，同学们可以参考图2.7所示的流程来开展本节课的学习。

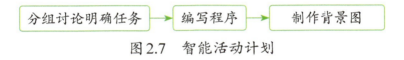

图2.7　智能活动计划

我的智能学习

同学们自行分组，每组4~6人，请同学们就以下问题展开讨论。

1. 关键数据是什么？
2. 智能物联新风系统正常启动的判断依据是什么？
3. 用什么硬件模拟智能物联新风系统？
4. 屏幕上需要显示哪些信息？

我的智能探索

一、编写程序

经过讨论、分析、查阅资料，最终确定系统名称、联网状态、IP

物联网大世界：万物互联

地址、二氧化碳浓度、小风扇状态、LED灯状态这6项信息需要在屏幕上显示出来。屏幕显示信息样例程序如图2.8所示。

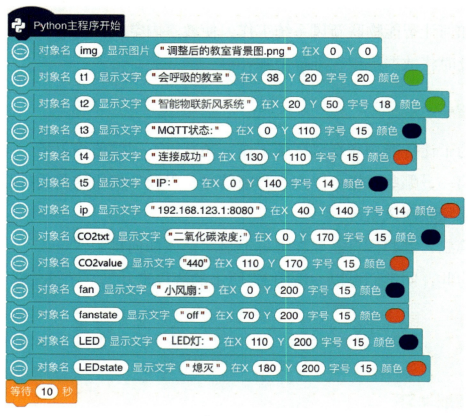

图2.8 屏幕显示信息样例程序

二、设计并制作背景图

为了让界面美观，需要设计并制作背景图。屏幕显示效果如图2.9所示。

我的智能成果

请同学们将自己的收获以文字或图片的形式记录在表2.6中。

图2.9 屏幕显示效果

表2.6 我的收获

研究问题	我的收获
确定关键数据	
设计显示界面	

请同学们将本节课的学习活动表现评价记录在表2.7中。

表2.7 我的学习活动表现评价

评价内容	自我评价	组长评价
分析问题	☆☆☆☆☆	☆☆☆☆☆
设计显示界面	☆☆☆☆☆	☆☆☆☆☆
编写程序	☆☆☆☆☆	☆☆☆☆☆

我的智能视野

物联网已经在智能家居、智慧交通、智慧物流、智慧安防、智慧医疗、智慧农业、智慧城市等方面有着广泛的应用。在未来，随着科学技术的进一步发展，物联网也将广泛应用在航天工程上，助力人类对太空的探索与利用，帮助人类开启太空探索的新篇章。

> 物联网大世界：万物互联

第4课　智慧呼吸教室——物联网项目创新实践

我的智能生活

前面3节课，我们模拟了一套智能物联新风系统，该系统能够探测空气中二氧化碳的浓度，并将其数据发送到物联网平台上。然后，我们编写程序，将系统名称、联网状态、IP地址等6项信息在屏幕上显示了出来。现在，我们需要智能物联新风系统在二氧化碳浓度超标的情况下做出自动干预，使小风扇转动。

我的智能活动计划

本节课，同学们将进一步完善智能物联新风系统，让该系统根据检测到的二氧化碳浓度数据做出智能判断，适时启动小风扇，最终完成整个系统的模拟。请同学们参考图2.10所示的流程来开展本节课的学习。

复习前3节课的内容 → 再次明确问题 → 连接设备并运行程序

图2.10　智能活动计划

我的智能学习

一、复习前3节课的内容

第1课解决的问题：①分析讨论出冬天教室里面让人感到很闷的原因是教室内空气中的二氧化碳浓度较高；②运用空气质量传感器测量出空气中的二氧化碳浓度。

第2课解决的问题：①组建小型物联网；②将测出的二氧化碳浓度数据发送到物联网平台上；③可以在终端访问二氧化碳浓度数据。

第3课解决的问题：①讨论确定关键数据和硬件；②确定需要显示的信息；③设计显示界面。

二、再次明确问题

在本节课，我们需要解决的问题：①正确连接设备；②测试设备，确保连接正确；③整合项目，联调测试运行。

我的智能探索

一、连接设备

请同学们3人一组，参考图2.11连接好设备。

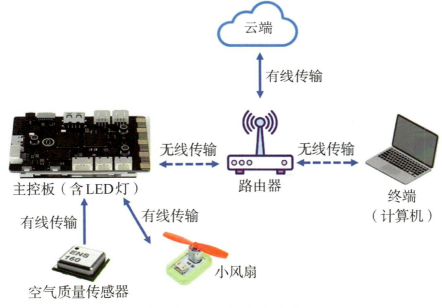

图2.11 设备连接示意

注意：空气质量传感器连接主控板的I2C接口，小风扇连接主控板的23号引脚，主控板上的LED灯对应25号引脚。

物联网大世界：万物互联

二、运行程序

请同学们运行老师给的样例程序，如图2.12所示，试着对空气质量传感器呼一口气，观察小风扇和LED灯的状态变化情况。

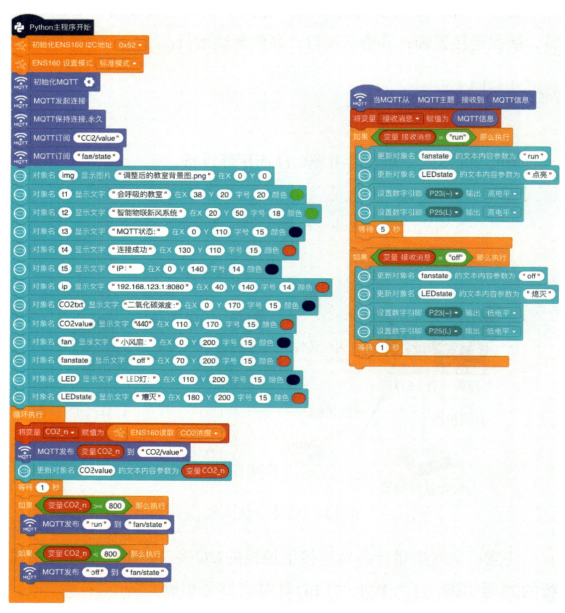

图2.12　完整的智能物联新风系统程序

小风扇、LED灯的状态变化如下。

如果检测到的二氧化碳浓度值大于等于800，那么智能物联新风系统将向网络发送"run"（运转）消息；如果检测到的二氧化碳浓度值小于800，智能物联新风系统将向网络发送"off"（停止）消息。

当"run"（运转）消息通过网络发送到各个设备之后，屏幕将自动更新显示信息，小风扇将转动起来，LED灯将被点亮为蓝色。

经过不懈努力，我们模拟的智能物联新风系统终于测试成功。祝贺同学们！

我的智能成果

请同学们将自己的收获以文字或图片的形式记录在表2.8中。

表2.8　我的收获

研究问题	我的收获
完成整个智能物联新风系统的模拟	

请同学们将本节课的学习活动表现评价记录在表2.9中。

表2.9　我的学习活动表现评价

评价内容	自我评价	组长评价
分析问题	☆☆☆☆☆	☆☆☆☆☆
整合系统	☆☆☆☆☆	☆☆☆☆☆
测试运行	☆☆☆☆☆	☆☆☆☆☆

我的智能视野

在我国空间站里，再生式环境控制与生命保障系统是维持航天员

> 物联网大世界：万物互联

"感觉良好"的重要利器。它包括6个子系统，即电解制氧子系统、微量有害气体去除子系统、水处理子系统、二氧化碳去除子系统、尿处理子系统和二氧化碳还原子系统。这个系统的构成非常复杂，它要为航天员提供呼吸所需要的氧气，及时去除空气中过量的二氧化碳，去除微量有害气体、微生物、微尘，保证良好的空气质量，控制令人感到舒适的空气温度和湿度，保障饮水、排泄等基本生存需要，简单来说就是为航天员在太空环境里的生活和工作提供保障，也被称作航天员的生命"保护伞"。

第2单元 智能新风——物联网基本原理

单元总结

我做了什么

本单元我们了解了空气的组成，明确了物联网的定义，学习了物联网感知层的功能和网络层的作用，还测量了空气中二氧化碳的浓度，并且将其数据发布到物联网平台上，最终模拟了一套智能物联新风系统。

我学会了什么

通过本单元的学习，学会了合作、共同思考并解决难题；学会了用空气质量传感器测量无色无味的二氧化碳的浓度；了解并模拟了智能物联新风系统。

我的收获

在本单元的学习过程中，我们的信息意识有所加强，计算能力得到提升。此外，我们还在小组合作过程中收获了友谊，在展示交流的过程中，克服了胆怯心理，增强了自信心。

第 3 单元
机器感官——物联网智能实现

单元情景

当我们在科技馆与那些聪明伶俐的机器人互动时，有没有想过支持人工智能的底层技术是什么？本单元我们将探究人工智能的相关知识及人工智能技术与物联网融合后我们的生活将发生怎样的变化。

单元主题

人工智能技术让机器展现出类似人类的智能，它可以模拟人类的听觉、视觉等功能，以及看、听、说等行为，可以提高生产力，帮助人类完成复杂任务，造福人类社会。请同学们讨论并思考以下问题。

1. 生活中有哪些智能机器？
2. 它们如何模仿人类的感官？
3. 智能机器给生活带来了什么？

我的智能学习目标

1. 探索日常生活中的人工智能应用，理解其模拟人类感官的方法，提升信息敏感度。
2. 利用数字技术，寻找并分析人工智能应用案例，提高数字学习和创新能力。

我的智能学习工具

硬件准备：计算机、传感器、语音输入/输出设备（耳机、话筒、扬声器）、图像或视频输入/输出设备。

软件准备：开源浏览器、人工智能开源平台。

物联网大世界：万物互联

第1课　智能猜拳机器人——了解智能手势识别技术

我的智能生活

"石头、剪刀、布"是我们经常玩的猜拳游戏，如图3.1所示，我们能否将这个游戏与智能手势识别技术结合起来，制作一个智能猜拳机器人呢？

图3.1　猜拳游戏

我的智能活动计划

通过小组合作的方式，在设计制作智能猜拳机器人的过程中，我们会学习智能手势识别技术的原理。同学们可以参考图3.2所示的流程来开展本节课的学习。

分析人的手部动作 → 设计猜拳游戏算法 → 编写程序验证算法 → 测试、优化算法

图3.2　智能活动计划

我的智能学习

智能猜拳机器人如图3.3所示，它可以利用智能手势识别技术，通过传感器和摄像头捕捉并识别用户的手部动作，如石头、剪刀、布。这项技术通过分析人的手部动作，使电子设备能直观、自然地与人交互。

第3单元　机器感官——物联网智能实现

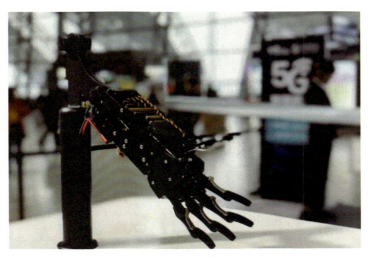

图3.3　智能猜拳机器人

我的智能探索

需要的硬件：计算机、传感器。

机器学习训练网站：人工智能开源平台。

猜拳游戏算法的主要功能应包括识别双方出拳手势，并根据手势进一步判定胜负。本节课我们主要根据人识别手势的过程和原理去推理机器识别手势的过程和原理。人与机器识别手势的过程对比如图3.4所示。

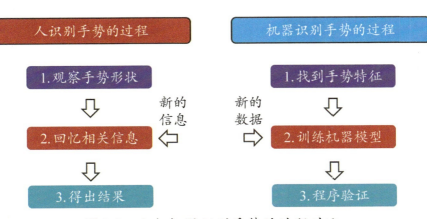

图3.4　人与机器识别手势的过程对比

物联网大世界：万物互联

一、个人探索

通过在人工智能开源平台上进行手势分类训练，如图3.5所示，了解机器是如何学习手势特征的。

图3.5 手势分类训练

智能手势识别技术的原理：机器通过线来描绘手掌骨架，通过点来标注手掌关节点（21个点），如图3.6所示。

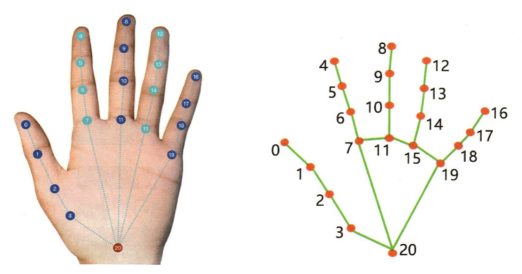

图3.6 机器识别手势的原理

机器训练流程如图3.7所示。

图3.7　机器训练流程

基于人工智能开源平台的手势识别模型如图3.8所示，其操作步骤如下。

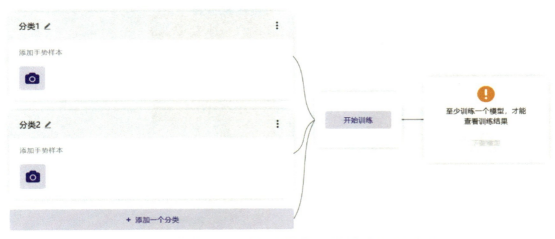

图3.8　基于人工智能开源平台的手势识别模型

1. 收集大量"石头""剪刀""布"手势图片，数量越多，模型训练效果越好。

2. 在支持手势识别的人工智能开源平台上，创建3个手势分类并上传相应手势图片。

3. 训练并验证模型。

4. 保存模型，以便在设计猜拳游戏时使用此模型。

二、小组合作

同学们自发分组，小组分工设计猜拳游戏，并演示功能效果。在

物联网大世界：万物互联

设计过程中讨论所遇到的问题，优化游戏体验。简易的智能猜拳机器人的样例程序如图3.9所示。

图3.9　简易的智能猜拳机器人的样例程序

我的智能成果

请同学们将自己的收获以文字或图片的形式记录在表3.1中。

表3.1 我的收获

研究问题	我的收获
机器是如何识别手势的	
机器识别手势的原理是什么	
如何帮助机器进行手势学习	
如何利用程序进行模型验证	

请同学们将本节课的学习活动表现评价记录在表3.2中。

表3.2 我的学习活动表现评价

评价内容	自我评价	组长评价
原理分析	☆☆☆☆☆	☆☆☆☆☆
模型训练	☆☆☆☆☆	☆☆☆☆☆
程序验证	☆☆☆☆☆	☆☆☆☆☆

我的智能视野

技术进步使机器能更精确、更快速地识别手势，并且智能手势识别技术会被应用在更多领域。未来，智能手势识别技术可能成为主要的人机交互方式，从而使我们的生活变得更加智能化。随着算法和硬件的不断升级，更多创新应用有望出现。

第2课 智能垃圾分类——了解智能语音识别技术

我的智能生活

近年来，垃圾分类成为生活常态，垃圾一般分为厨余垃圾、其他垃圾、可回收物和有害垃圾4类，如图3.10所示。垃圾分类可以提高垃圾的资源价值和经济价值，降低垃圾处理成本，减少土地资源的消耗。本节课将运用智能语音识别技术，解决垃圾分类的问题。

图3.10 垃圾分类

我的智能活动计划

怎么才能利用智能语音识别技术进行垃圾分类呢？同学们可以参考图3.11所示的流程来开展本节课的学习。

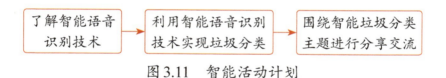

图3.11 智能活动计划

我的智能学习

智能语音识别技术让机器能分析并理解语音,如同机器的"耳朵"。它被广泛应用于智能音箱中,如图3.12所示,并在听歌识曲、语音-文本转换等功能软件中发挥作用,如图3.13和图3.14所示。

图3.12　智能音箱

图3.13　听歌识曲

图3.14　语音-文本转换

物联网大世界：万物互联

我的智能探索

表3.3中列出了通过智能语音识别技术实现垃圾分类的示例，如果要完成4种主要垃圾类别的分辨，该如何进行呢？请同学们以小组为单位讨论并完成表格填写，然后分组交流展示。

表3.3　通过智能语音识别技术实现垃圾分类

语音	识别	控制
人对机器说想扔的垃圾，如"废纸"	机器通过智能语音识别技术识别出"废纸"，并判断出废纸属于可回收物	根据识别结果，控制打开对应垃圾桶（可回收物桶）桶盖

工具准备：语音输入/输出设备、人工智能开源平台。

实验流程：使用含语音识别功能的人工智能开源平台训练模型，步骤类似于手势识别模型的训练。输入背景噪声和垃圾分类相关语音数据，数据充足后训练模型，然后将模型导入图形化程序，如图3.15、图3.16和图3.17所示。

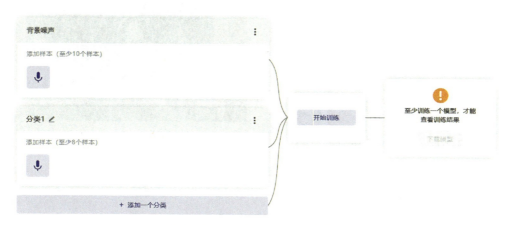

图3.15　语音识别训练模型

第3单元　机器感官——物联网智能实现

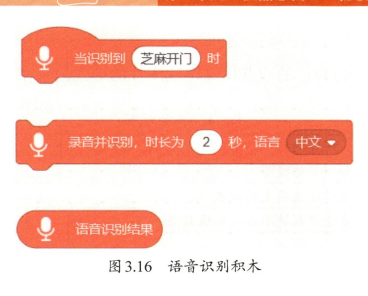

图 3.16　语音识别积木

图 3.17　语音识别程序

请同学们思考影响语音识别准确率的因素，并尝试找出语音识别错误的原因，如语速、语音清晰度、背景噪声、算法等方面的问题。人工智能并非全能，数据缺失或算法不完善会导致错误。因此，需要持续研发，以提高人工智能的准确度。

物联网大世界：万物互联

我的智能成果

请同学们将自己的收获以文字或图片的形式记录在表3.4中。

表3.4 我的收获

研究问题	我的收获
如何训练模型	
影响语音识别准确率的因素	
如何通过智能语音识别技术实现垃圾分类	

请同学们将本节课的学习活动表现评价记录在表3.5中。

表3.5 我的学习活动表现评价

评价内容	自我评价	组长评价
垃圾分类问题分析	☆☆☆☆☆	☆☆☆☆☆
利用智能语音识别技术解决垃圾分类问题	☆☆☆☆☆	☆☆☆☆☆
智能垃圾分类主题的分享交流	☆☆☆☆☆	☆☆☆☆☆

我的智能视野

随着深度学习算法的进步，智能语音识别技术已被广泛应用于智能家居、车载系统、教育培训和医疗健康等领域中，为人们的生活带来很大的便利。未来，智能语音识别技术将面对新挑战，如噪声环境下的语音识别、隐私保护与数据安全的保障等，需要我们深入探究。

第3单元　机器感官——物联网智能实现

第3课　智能表情识别——了解人脸识别技术

我的智能生活

智能科技已融入生活，如手机摄像头可以识别笑脸自动拍照，这是机器学习的应用之一。本节课我们将探讨机器学习如何通过表情识别让我们的生活更智能化。

我的智能活动计划

生活中，我们常通过表情判断情绪，如开心、难过等。本节课我们将分小组设计智能表情识别系统，体验智能应用。请同学们参考图3.18所示的流程来开展本节课的学习。

观察脸部特征，归纳形成标签 → 采集图像数据 → 机器学习训练模型

图3.18　智能活动计划

我的智能学习

我们通过眉毛、眼睛、嘴巴的不同特征来区分开心和难过的表情，这些特征对应的结果就是不同的标签。我们准备了相关样本数据作为判断表情的模型的训练集。通过机器学习模型训练，我们得到了判断表情的模型。从数据中学得模型的过程被称为学习或训练。

我的智能探索

设计智能表情识别系统

工具准备：图像或视频输入/输出设备、人工智能开源平台。

人工智能开源平台人脸识别界面如图3.19所示。

物联网大世界：万物互联

图3.19　人工智能开源平台人脸识别界面

实验流程如下。

1. 数据准备：用摄像头采集10~20张人脸的正面表情图像。

2. 特征提取：区分正负情绪表情，对数据进行标注，机器根据自然和人为特征分类。

3. 模型训练：使用算法以找到最佳人脸识别方法。人脸识别积木如图3.20所示。

4. 系统建立：建立智能表情识别系统，记录结果并撰写实验报告。

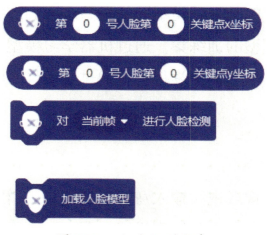

图3.20　人脸识别积木

我的智能成果

请同学们将自己的收获以文字或图片的形式记录在表3.6中。

表3.6 我的收获

研究问题	我的收获
机器观察脸部特征的方法	
设计智能表情识别系统	
分析智能表情识别系统的实验报告	

请同学们将本节课的学习活动表现评价记录在表3.7中。

表3.7 我的活动表现评价

评价内容	自我评价	组长评价
对机器观察脸部特征的认识	☆☆☆☆☆	☆☆☆☆☆
智能表情识别系统的实验完成度	☆☆☆☆☆	☆☆☆☆☆
对实验报告的分析总结	☆☆☆☆☆	☆☆☆☆☆

我的智能视野

应用于表情识别的人工智能技术已经渗透生活的方方面面，从社交互动到医疗健康，从安全防护到艺术创作与娱乐，都离不开这项技术的支持。未来，随着技术的不断进步和应用场景的拓展，更多的人工智能技术会出现并应用于我们的生活中。

> 物联网大世界：万物互联

第4课　校园小导游机器人——了解智能机器人

我的智能生活

　　校园小导游机器人是一种集语音识别技术和图像识别技术等人工智能技术于一体的先进机器人系统，如图3.21所示。它专为学校设计，能够为师生和访客提供全方位的导游服务。本节课我们一起来了解校园小导游机器人吧！

图3.21　校园小导游机器人

我的智能活动计划

　　课前调查、了解智能机器人在各个领域中的应用，梳理智能机器人的功能；结合智能机器人应用场景，思考智能机器人在校园里可以

第3单元 机器感官——物联网智能实现

发挥哪些作用；小组合作，构思一款理想的校园小导游机器人。同学们可以参考图3.22所示的流程来开展本节课的学习。

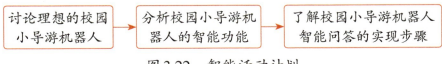

图3.22 智能活动计划

请同学们将理想的校园小导游机器人的各项指标填写在表3.8中。

表3.8 理想的校园小导游机器人

指标	详细介绍
名称	
外形	
角色	
智能功能	
应用场景	

我的智能学习

校园小导游机器人是一个基于语音识别、自然语言处理、图像识别和机器学习等技术的复杂系统。这些技术的融合使校园小导游机器人能够智能地与用户交互，提供准确、便捷的校园导览服务。

物联网大世界：万物互联

我的智能探索

一、分析校园小导游机器人的智能功能

首先，我们需要分析校园小导游机器人拥有哪些智能功能，并进行模块分类，如表3.9所示。

表3.9 校园小导游机器人的智能功能分析

智能问答	识别用户的语音询问，并根据询问给予相应的答复
图像识别	识别周围的物体，根据物体类型做出相应的动作
自行讲解	根据所处位置的不同，进行对应位置的内容讲解
路线引导	在无人控制的情况下按规定的路线自动巡线

二、了解校园小导游机器人智能问答的实现步骤

本节课我们重点探究和深入学习校园小导游机器人的智能问答功能。智能问答功能的实现大致分为3步，即语音接收、语音识别和回答，如表3.10所示。

表3.10 校园小导游机器人智能问答的实现步骤

1.语音接收	人向校园小导游机器人询问学校概况
2.语音识别	通过语音识别技术，校园小导游机器人识别出关键词"学校概况"
3.回答	校园小导游机器人回答事先设计好的与"学校概况"相关的内容

同学们不妨为学校里那些别具一格、充满魅力的特色建筑拍些好看的照片。接着让校园小导游机器人进行精准的图像识别。然后，把需要校园小导游机器人回答的内容编写到朗读积木的文本框里。语音分类积木如图3.23所示，语音识别积木如图3.24所示。

第3单元 机器感官——物联网智能实现

图3.23 语音分类积木　　　　　图3.24 语音识别积木

我的智能成果

请同学们将自己的收获以文字或图片的形式记录在表3.11中。

表3.11 我的收获

研究问题	我的收获
理想的校园小导游机器人	
校园小导游机器人的智能功能	
校园小导游机器人智能问答的实现步骤	

请同学们将本节课的学习活动表现评价记录在表3.12中。

表3.12 我的学习活动表现评价

评价内容	自我评价	组长评价
了解校园小导游机器人的智能功能	☆☆☆☆☆	☆☆☆☆☆
了解校园小导游机器人智能问答的实现步骤	☆☆☆☆☆	☆☆☆☆☆

物联网大世界：万物互联

我的智能视野

随着人工智能技术的不断发展和进步，智能机器人将会更加智能化和自主化。随着5G、物联网等技术的普及，智能机器人的功能和应用场景也将进一步拓展。未来，智能机器人有望在更多的领域（如农业、物流、养老服务等）中发挥作用。

单元总结

我做了什么

1. 观察身边存在的人工智能应用，了解分析其训练和推理的不同过程，识别其中的数据、算法和算力。

2. 通过数字化学习手段对比不同的人工智能应用，了解其中的机器学习等不同实现方式。

我学会了什么

本单元的学习内容，可以从认识和理解两个层次来表述。

认识：认识了人工智能技术的基本特征，了解了人工智能的应用；知道了人工智能技术的主要术语，了解了人工智能技术中的图像识别、语音识别、自然语言处理等主流技术实现方式。

理解：理解了人工智能与现实社会的联系是普遍的。

我的收获

在课堂上，我能够进行深入思考，踊跃开展合作探究及小组活动交流。

我了解了智能手势识别技术、智能语音识别技术、人脸识别技术和智能机器人的基本原理与流程，并顺利完成了每一节课的实验。

我充分认识到人工智能技术在解决生活问题方面所具有的巨大潜能。

第4单元
智慧城市——物联网实验设计

单元情景

在现代化的智慧城市中，便捷、高效、智能和安全的生活方式极大地提升了我们的生活质量。如图4.1展示的智慧城市生活场景：学生进出学校需要"刷脸"，学校门口的人脸识别设备会通过智慧校园系统及时给学生家长的手机发送安全通知；外出时，如果恰逢早晚高峰，智慧交通系统能实时监测路况，为我们提供最优路线；走进智慧博物馆，置身于全息展场的沉浸式体验，可以与恐龙"面对面"；通过智慧家居系统，可以远程调节房间内的温度、湿度，可以远程启动智能厨房设备使其按预设程序准备饭菜。

图4.1 智慧城市生活场景

第4单元 智慧城市——物联网实验设计

单元主题

1. 通过调查,了解物联网技术给生活带来的便利。

2. 借助模拟实验,初步探索城市在交通等领域的智慧管控技术。

3. 思考未来智慧城市建设的发展趋势。

我的智能学习目标

1. 用多学科知识探索智慧城市,初步了解智慧城市的基本概念和基本特征。

2. 开展实验研究,初步理解物联网技术在智慧城市发展中发挥的作用,增强跨学科学习能力,培养创新思维能力。

3. 撰写调查报告,学会从多维度分析智慧城市发展的优势和面临的问题,预测发展趋势,提升批判性思维能力。

我的智能学习工具

硬件准备:可以连接互联网的计算机,控制器、亮度传感器、LED灯等设备。

软件准备:图形化编程软件。

物联网大世界：万物互联

第1课　初试规划——"智慧城市"之我见

我的智能生活

智慧城市就像一个超级聪明的机器人，它基于多种智慧系统了解城市的交通、环境、安全等各种情况，并能帮助我们做出更好的决策。例如，它能告诉我们哪条道路最堵车，帮助我们避开拥堵；它还能监测空气质量，保护我们的健康。智慧城市就像一个大管家，让我们的生活变得更加方便和安全。

我的智能活动计划

本单元，我们以建立多个4人学习小组的形式开展跨学科合作学习。同学们可以参考图4.2所示的流程来开展本节课的学习。

图4.2　智能活动计划

我的智能学习

一、初识智慧城市

智慧城市运用大数据、物联网、云计算等先进技术，提高城市管理的效率，改善城市居民的生活质量，促进城市的可持续发展。智慧城市可以提供智慧公共服务，即在医疗、教育、旅游等领域中提供便捷、高效的服务，提升居民的生活品质；在环保、治安管理等领域中，智慧城市基于大数据和人工智能技术实现精细、高效、智能化管理，提升城市管理水平。

二、交流常见的智能场景及其相关技术

在日常生活中，从在线学习、线上社交、网上娱乐，到出行路线规划、智能导航、在线订票，再到网上购物、无人机送货……充满智能化应用的生活方式已逐渐成为我们生活的新常态，不仅让我们的生活更加便捷高效，还推动城市向着更加绿色、安全、健康的方向可持续发展。

物联网的关键技术主要有射频识别技术、传感器技术、传输技术、信息融合技术等。讨论生活中有哪些常见的智能场景，以及它们所运用的物联网关键技术是什么。

我的智能探索

综合小组意见，确定1~2项感兴趣的智能场景，制订调查计划，进一步调查这些智能场景的优点及其可能运用的物联网关键技术。

温馨提示：对于不太了解的知识，可以查阅书籍、请教父母和老师，还可以向人工智能助手提问。目前人工智能大模型还在不断学习和优化中，因此对利用人工智能大模型查询到的知识，需要认真辨识。

我的智能成果

请同学们将自己的收获以文字或图片的形式记录在表4.1中。

表4.1 我的收获

研究问题	我的收获
什么是智慧城市	
常见的智能场景及其相关技术	

请同学们将本节课的学习活动表现评价记录在表4.2中。

表4.2 我的学习活动表现评价

评价内容	自我评价	组长评价
认真完成调查任务	☆☆☆☆☆	☆☆☆☆☆
能识别常见的物联网关键技术	☆☆☆☆☆	☆☆☆☆☆
主动分享学习收获	☆☆☆☆☆	☆☆☆☆☆

我的智能视野

  智慧城市是城市发展的重要趋势和方向，随着科技的不断进步和创新，它将会迎来更加广阔的发展空间和更加丰富的应用场景。例如，上海作为国际化城市之一，注重在城市建设中融入云计算、大数据、物联网等新一代信息技术，以实现城市精细化管理和智能化服务的提供，在交通管理、环境监测、公共安全等领域中实施了众多智能化项目，提高了城市的运行效率和居民的生活品质。深圳作为中国的科技创新之都，强调以信息化驱动城市发展，注重在科技创新、城市管理、公共服务等领域中推进智能化改造，重视数据的整合与应用，通过大数据分析提升城市治理能力，推动经济社会的可持续发展。

第4单元 智慧城市——物联网实验设计

第2课 交通"智"管——城市畅通智慧行

我的智能生活

出行前规划行程，堵车时梳理交通，利用智慧交通管理能高效解决这些问题。请同学们结合生活实际，说说发生在身边的有趣案例。

我的智能活动计划

同学们可以参考图4.3所示的流程来开展本节课的学习。

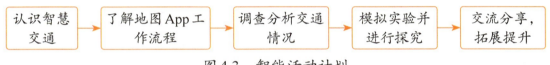

图 4.3 智能活动计划

我的智能学习

一、认识智慧交通

智慧交通通过物联网、大数据、云计算、人工智能等科技手段，对交通系统进行智能化管理和控制，从而提高交通效率，优化交通资源配置，减少交通拥堵和交通事故，为城市交通的可持续发展提供支持。

智慧交通在生活中的常见应用如下。

1. 实时感知交通状况，预测交通流量变化，智能调整信号灯的时长，减少拥堵，让道路更顺畅。

2. 智能识别交通违规情况，提高执法效率。

3. 提供最佳出行建议，让出行更便捷。

4. 遇到突发事件迅速反应，确保救援车辆快速到达。

二、了解地图App工作流程

我们在出行时如果不清楚出行路线、不确定选择哪种交通工具，常常会打开地图App查一查。那么，地图App是如何为我们提供方案、帮助我们做出选择的呢？

地图App有强大的数据处理与智能分析能力。它会根据我们输入的起点与终点，迅速在海量数据中检索、分析、规划出所有可能的路线，然后综合考虑道路的实时状况、不同交通工具的行驶时间与换乘便捷度等多种信息，甚至它还会根据我们的出行习惯与偏好，最终为我们量身定制出最优的出行方案。

请同学们参考图4.4，了解地图App智能规划出行方案的工作流程，并和其他同学说说自己的感受。

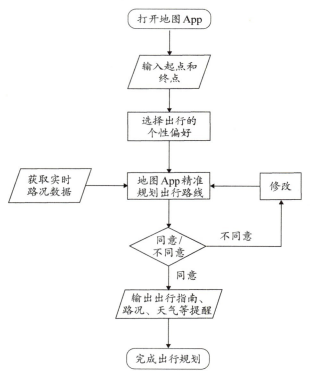

图4.4 地图App智能规划出行方案的工作流程图

第4单元　智慧城市——物联网实验设计

我的智能探索

一、调查分析交通情况

请同学们自行分组，各小组综合组内同学意见，确定一条大家都熟悉的街道，根据交通拥堵情况，制订调查计划。小组成员完成分工，做好观察和记录，并对交通拥堵的情况进行分析。

温馨提示：可以采取走访周边住户、采访交警、咨询父母等方式开展调查。可以采用拍照、录像、文字记录、计数等多种方式进行记录。

二、模拟实验并进行探究

智慧交通监管的首要环节是智能感知与数据采集，这需要遍布城市各个角落的传感器网络，实时采集道路交通流量、车速、车辆类型、天气条件等关键数据及信息，以便准确提供交通信息。我们可以用模拟实验初步探究如何通过传感器实时了解交通状况。

实验1：模拟交通流量探测器，监控车流量

请同学们打开图形化编程软件，参考图4.5，设计背景为"小慧家附近地图"，3个角色分别是交通流量探测器、其他车辆、小慧家的车。角色"其他车辆"表示某个时间段在这个路段行驶的其他车辆，用来模拟车流量。

读懂图4.5中角色"交通流量探测器"的计数程序片段，说说它的作用。角色"交通流量探测器"要实现监控车流量的功能，还需要其他角色的程序配合。请仔细阅读"背景说明"，思考其他角色的程序并试着编写程序。

物联网大世界：万物互联

温馨提示：

1. 角色"交通流量探测器"的程序，不仅有计数功能，还需要提醒其他角色道路交通状况，在程序中使用了"广播"。

2. 角色"其他车辆"要模拟车流量，在程序中可以使用"克隆"。

3. 设计角色"小慧家的车"的程序时，应至少考虑两种选择：正常行驶、绕行。如果遇到道路交通拥堵时，小慧还可能换乘公共交通工具出行，这时设计"小慧家的车"的程序时，可以有第三种选择"不出行"，在屏幕上显示提示语"换乘公共交通工具出行"。

背景说明：
（1）模拟街头实时感知道路交通状况的传感器，监控车流量，为出行提供建议，缓解路面拥堵；
（2）小慧家位于左图的左下角，学校在左图的右上角；
（3）妈妈驾车送小慧上学，如遇拥堵只能绕行或换乘公共交通工具出行。

交通流量探测器

计数程序片段

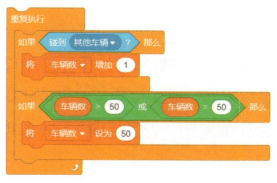

图4.5　模拟交通流量探测器

第4单元 智慧城市——物联网实验设计

实验2：模拟智能交通信号灯，实时调整交通信号灯时长

一般而言，普通交通信号灯的时长是在综合考虑该路口常态交通流量和道路条件后制定的。而智能交通信号灯系统，能够实时监测道路交通流量，动态调整交通信号灯的时长，优化交通管理。

请同学们参考图4.6，设计背景地图、智能交通信号灯角色和多辆汽车角色，并编写程序，模拟智能交通信号灯，在高峰时段实时调整交通信号灯的时长。

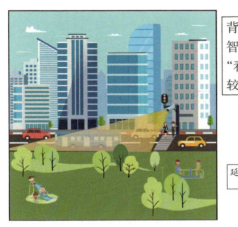

背景说明：
智能交通信号灯的摄像头能够"看到"在该路口的某方向上车辆较多，实时调整交通信号灯时长。

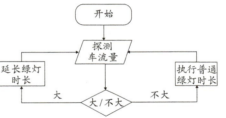

图4.6 模拟智能交通信号灯

我的智能成果

请同学们将自己的收获以文字或图片的形式记录在表4.3中。

表4.3 我的收获

研究问题	我的收获
调查街道的交通堵塞情况	
产生拥堵的时段	
产生拥堵的原因	
对智慧交通管控的建议	

物联网大世界：万物互联

请同学们将本节课的学习活动表现评价记录在表4.4中。

表4.4　我的学习活动表现评价

评价内容	自我评价	组长评价
认真完成调查任务	☆☆☆☆☆	☆☆☆☆☆
分析城市交通中常见现象	☆☆☆☆☆	☆☆☆☆☆
简单识别智慧交通管理中常见的设备和技术	☆☆☆☆☆	☆☆☆☆☆
主动分享学习收获	☆☆☆☆☆	☆☆☆☆☆

我的智能视野

随着技术发展，新的传感器和技术不断涌现，它们相互协作，通过数据融合和分析，提供全面、准确的交通状况。我们可以简单了解几种常见的实时感知交通状况的传感器及其功能。雷达，利用电磁波感知车辆的位置、速度等；激光扫描仪，使用激光束扫描周围环境，收集精确的地图数据和三维点云信息；交通流量探测器，测量交通流量和车辆速度；气象传感器，监测天气状况，包括温度、湿度、风速、降水量等。

第3课　能源"慧"控——绿色低碳我出力

我的智能生活

智慧城市建设重视能源管理，依托物联网技术，实时监测与分析能源消耗与调度，优化能源管理策略，减少碳排放量，推动城市绿色可持续发展。随手关灯、绿色出行、风力发电、低碳减排……同学们，还知道生活中有哪些节约能源的例子？请和大家分享吧。

我的智能活动计划

同学们可以参考图4.7所示的流程来开展本节课的学习。

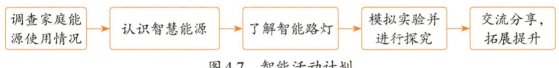

图4.7　智能活动计划

我的智能学习

一、调查家庭能源使用情况

同学们自行分组，请各组确定一名组员，这名组员负责记录自己家一周的用电情况，小组所有成员根据该组员记录的数据从电器耗电量、电器使用效率等方面进行初步分析。除了电能消耗，还可以记录用水、用气、交通出行等方面的消耗，全面了解家庭能源的使用情况。

温馨提示：运用数学课所学的统计方法，对数据进行整理分析。

二、认识智慧能源

从家庭能源使用情况的调查结果可以看到，随着生活品质的日益

物联网大世界：万物互联

提升，我们对能源的需求量越来越大。智慧能源利用先进技术对能源进行智能化管理、规划和分析，开发利用风能、太阳能等可再生能源，减少浪费和排污，实现绿色、低碳、高效的能源利用。

智慧能源管理的关键技术如图4.8所示。

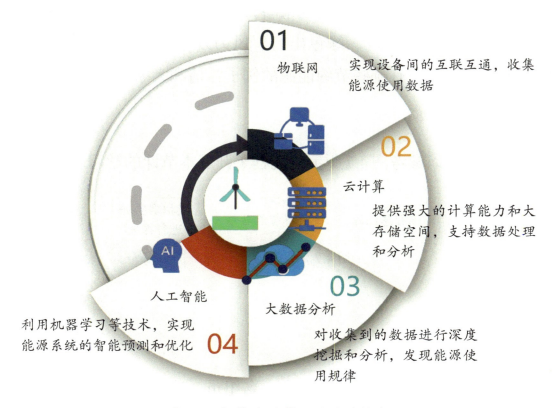

图4.8 智慧能源管理的关键技术

我的智能探索

一、了解智能路灯

传统路灯仅能满足照明需求。随着科技进步，智能路灯有了"自适应亮度调节""远程监控与管理"等功能，不仅能利用风能、太阳能等新能源，还能根据光线明暗自动开关，根据人流量、车流量的变化自动调节亮度,远程监控能耗、故障等信息,节能、省力又环保。

新型的智能路灯集成了多种智能技术,能实现智慧交通、智慧安防、智慧环保等功能,提高了城市管理的效率和质量。

二、模拟智能路灯,根据光线强度调节智能路灯的亮度

我们用LED灯、亮度传感器、控制器设计一款能根据光线强度智能调节亮度的简易节能灯,模拟路灯的智能化管理。请参考图4.9连接硬件、编写程序,开始探索活动。

说明:
(1)将LED灯、亮度传感器与控制器连接,模拟智能路灯。
(2)当亮度传感器检测到亮度值小于500勒克斯时,LED灯显示灯光"白色全亮",表示开强光灯;
当亮度传感器检测到亮度值小于800勒克斯且大于或等于500勒克斯时,LED灯显示灯光"黄色半亮",表示开弱光灯节能。

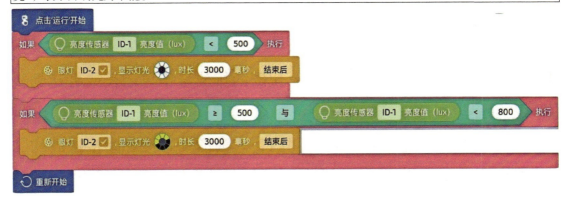

图4.9　模拟智能路灯

有兴趣的同学还可以尝试增加不同的传感器,不断丰富智能路灯的功能。如可以增加红外线传感器、超声波传感器等,使智能路灯在感应到路过的行人或车辆时自动开灯,进一步实现节能功能。

我的智能成果

请同学们将自己的收获以文字或图片的形式记录在表4.5中。

表4.5　我的收获

研究问题	我的收获
调查家庭一周用电情况	
家庭电量消耗主要来自哪种电器	
模拟智能路灯	

请同学们将本节课的学习活动表现评价记录在表4.6中。

表4.6　我的学习活动表现评价

评价内容	自我评价	组长评价
认真完成调查任务	☆☆☆☆☆	☆☆☆☆☆
对家庭节约用电提出好建议	☆☆☆☆☆	☆☆☆☆☆
主动分享学习收获	☆☆☆☆☆	☆☆☆☆☆

我的智能视野

碳达峰指在某一个时点，二氧化碳的排放量不再增长或者达到峰值，之后逐步回落。

碳中和指某个地区在一定时间内，人为活动直接和间接排放的二氧化碳，能与本地区通过植树造林等方式吸收的二氧化碳相互抵消，实现二氧化碳"净零排放"。

第4课 无限创想——"智慧城市"向未来

我的智能生活

随着科技的飞速进步和全球城市化进程的不断加速,智慧城市的概念逐渐从科幻变为现实。智慧城市用先进的技术管理城市,这不仅提高了城市管理的效率和质量,还为市民带来了更加便捷、舒适的生活体验。

我的智能活动计划

同学们可以参考图4.10所示的流程来开展本节课的学习。

图4.10 智能活动计划

我的智能学习

一、整理调查收获

在本单元的前3节课中,我们分组调查了"智能场景""家庭附近交通情况""家庭一周用电情况",对"智慧交通""智慧能源"有了初步认识。请整理并分析数据,简明扼要地写出结论。

二、整理智能作品

在本单元的前3节课中,我们分层次完成了"模拟交通流量探测器,监控车流量""模拟智能交通信号灯,实时调整交通信号灯时长""模拟智能路灯,根据光线强度调节智能路灯的亮度"3个模拟实验。请和同学分享你的作品吧。

物联网大世界：万物互联

我的智能探索

研究报告撰写要求如图4.11所示。

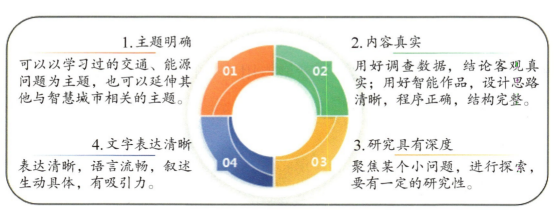

图4.11 研究报告撰写要求

我的智能成果

请同学们将自己的收获以文字或图片的形式记录在表4.7中。

表4.7 我的收获

研究问题	我的收获
智慧城市的智能场景	
物联网技术如何保障城市畅通	
物联网技术在倡导绿色低碳生活中发挥的作用	

请同学们将本节课的学习活动表现评价记录在表4.8中。

表4.8 我的学习活动表现评价

评价内容	自我评价	组长评价
研究报告主题明确、内容真实	☆☆☆☆☆	☆☆☆☆☆
研究报告条理清晰、语言流畅	☆☆☆☆☆	☆☆☆☆☆
交流分享时声音洪亮、表达清晰	☆☆☆☆☆	☆☆☆☆☆
成果展示生动形象、有感染力	☆☆☆☆☆	☆☆☆☆☆
团队分工合理、友好合作	☆☆☆☆☆	☆☆☆☆☆

我的智能视野

分享研究报告的方式多种多样，如演示文稿、视频等。插图可以是程序代码截图，也可以是小组外出调研的实拍图，还可以是借助人工智能绘画技术绘制的图片。智能作品可以现场展示，也可以录视频进行展示。未来，智能场景将会以更梦幻、更多样化的方式存在，会让我们的城市更智慧、更美丽。只要敢于大胆探索，一切皆有可能。

物联网大世界：万物互联

单元总结

我做了什么

本单元，我们初步探究了物联网技术在智慧城市建设中发挥的作用，借助图形化编程模拟了交通"智"管、能源"慧"控中的一些场景，经历了"调查分析问题→了解原理和技术→模拟实验→交流分享，拓展提升"的过程。

我学会了什么

通过本单元的学习，我们学会了用多学科知识探索智慧城市，对智慧城市的基本概念、场景有了初步认识；初步理解物联网技术在智慧城市发展中发挥的作用；还学会了用多学科知识和技能开展调查研究。

我的收获

通过开展调查与模拟实验的方式，我们对智慧城市中智慧交通和智慧能源有了初步的理解，对未来智慧城市场景充满期盼。